Julius Goebel

Über die Zukunft unseres Volkes in Amerika

Julius Goebel

Über die Zukunft unseres Volkes in Amerika

ISBN/EAN: 9783743431843

Hergestellt in Europa, USA, Kanada, Australien, Japan

Cover: Foto ©Suzi / pixelio.de

Manufactured and distributed by brebook publishing software (www.brebook.com)

Julius Goebel

Über die Zukunft unseres Volkes in Amerika

Ueber die

Zukunft unseres Volkes in America.

Deutsche Briefe

an

Professor Dr. Karl Biedermann

von

Dr. Julius Goebel.

New York:
Buchdruckerei von H. Cheroung, 17—27 Vandewater Street,
1884.

I.

Hochverehrter Herr Professor!

Wenn wir in diesen Tagen den 400jährigen Geburtstag Luthers, sowie den 200jährigen Landungstag unserer ersten deutschen Ansiedler festlich begehen, dann ist uns das mehr als ein blos zufälliges Zusammentreffen. Jene gewaltige Idee aber, welche einst als Ursache und Wirkung in diesen geschichtlichen Ereignissen waltete, tritt heute doppelt gebieterisch vor den denkenden Nachkommen unseres Volkes. Und während sich unser Herz an diesen Stunden ihres Triumphes wol erhebt, fragt es sich im Stillen auch kleinlaut nach der eigenen Aufgabe. Engherzige oder, was noch schlimmer ist, beschränkte Krittler mögen es eine Vermessenheit nennen, wenn der Einzelne sein Streben, das aus jener Selbstfrage erblüht ist, mit großen geschichtlichen Ideen und Bewegungen in innigen Zusammenhang setzt. Von solchen Menschen ist jedoch noch nie ein Neues ausgegangen; das Hühnergeschäft des Scharrens und Schreiens bleibe ihnen auch darum ruhig überlassen. Ihnen jedoch, dem feinen Geschichtskenner, darf ich wol vertrauen, woran sich die Seele erregte, als sie

Ihnen die folgenden Briefe schrieb. Sie wissen auch, daß alles neue Leben von dem Einzelnen ausgegangen ist, in welchem die Idee mächtig wirkte, ja daß alle unsere Entwicklung vom Ideale bestimmt wird, wie es doch schließlich der Einzelne mehr oder minder vollkommen aussprechen muß.

Warum ich meine Mitteilungen gerade an Sie richtete, werden einem gütigen Leser die folgenden Briefe erschließen. Dem gebildeten Deutschen braucht man glücklicherweise nicht mehr zu sagen, wer Prof. Karl Biedermann ist. Seit beinahe fünfzig Jahren sind Sie ja mit dem öffentlichen Leben des alten Vaterlandes verbunden und wenn Ihnen die stille, treue Arbeit auch nicht den bedenklichen Ruhm so manches Schreihalses eingetragen hat, so wissen wir dafür von Ihren wissenschaftlichen Erfolgen. Wenn ich mir aber erlaube, das, was eigentlich für Sie bestimmt war, einem größeren Kreise vorzulegen, so glaube ich damit den stillen Wünschen gar manches Gesinnungsgenossen zu willfahren, dem ein geschäftereiches Leben die Muße zu schriftstellerischer Arbeit nicht läßt.

New York, im Oktober 1883.

II.

Es trennen uns die Wogen von dreitausend Meilen und doch bin ich Ihnen nahe: ein Streben, ein Geist verbindet uns. Aber während Sie des hohen Glückes genießen, daß sich die Blütenträume Ihrer Jugend Ihnen jetzt als goldne Früchte entgegenneigen, ziehen uns Jüngeren erst verheißungsvolle Frühlingsstürme durch's Herz. Wir haben eine glücklichere Jugend wie Sie. Es leuchten uns die glänzenden Bilder treu kämpfender deutscher Männer voran, und glauben Sie nicht, wir glühten von Begeisterung, wenn wir sehen, wie sich die großen deutschen Jahre der Neuerhebung als Erfüllung auf Ihr Streben senkten? Es war Ihnen eine andre Aufgabe zugefallen, als unsern großen Dichtern und Denkern. Sie sollten die Wiedergeburt unsrer Nation, die diese im Reich des Geistes und Gemütes geschaffen hatten und die zugleich eine Wiedergeburt der Menschheit ward, in's politische Leben unseres Volkes führen. Und treu haben Sie Ihre Aufgabe gelöst. Was bleibt uns Nachgebornen noch, als der mahnende Beruf, das Erbe unsrer Väter zu erwerben und das deutsche Ideal, das Sie vom Berge geschaut, in bleibenden Bildern zu gestalten?

Und während wir Jüngere dies fühlen und zu verwirklichen streben, erwächst uns unverhofft eine zweite Aufgabe. Das deutsche Vaterland ist vielen seiner Söne zu enge geworden und allen alten und neuen Kolonisationsplänen zum Trotz ziehen sie seit hundert Jahren nach der Republik, die, wunderbar genug, fast zur selben Zeit zum Leben erwachte, als unsre Dichter und Denker an jener Neuschöpfung des deutschen Geistes stille arbeiteten. Und gar oft winkte das neuentdeckte Land den jungen Stürmern und Drängern als selige Stätte, ihre Träume von neuer glücklicher Menschheit zu verwirklichen. Dem ehernen Gesetz stetiger Entwicklung läßt sich jedoch nicht vorgreifen und es ist interessant, sich auszumalen, was aus Göthe geworden wäre, hätte er den Plan einer Auswanderung mit Lili Schönemann ausgeführt. Keine Frage, die zwingende Notwendigkeit des Erwerbes, wie die Teilnahme am politischen Aufbau des neuen Staates hätten gewiß seine Kräfte in Anspruch genommen, wie sie die Talente von Tausenden seitdem verbraucht haben. Was freilich aus dem Dichter geworden wäre, abgeschnitten von den nährenden Brüsten seiner Nation, ist müßige Frage, wie die nach den Werken eines Raphael ohne Arme. Eines vielleicht aber ist sicher. Das Leben unsres deutschen Volkes hier hätte durch Beispiel und Führung eines Mannes von seiner Idealität gewiß eine idealere Wendung und Richtung genommen.

Ja, das ist es. Wie oft haben Sie mich gefragt, was wird aus unserm Deutschthum drüben? Hält es fest an dem großen Erbe seiner Väter? Und wie bildet es dasselbe weiter, dort unter dem Himmel, wo keine Fessel eine großartige Entwicklung hemmt, dort, wo man auf der Mittagshöhe menschlicher Kultur eine neue Geschichte beginnt und den edelsten Samen tausendjähriger Geistesarbeit nur zu pflanzen braucht, um Ungeahntes zu erziehen?

Freilich hatten Sie zu Ihren Fragen noch ein anderes Recht. Während man die großartige materielle Entwicklung unsres Landes anstaunt, belächelt man drüben den Deutschamerikaner so gern als klassischen Vertreter rohen Protzentums, bespöttelt jede schlechte Uebersetzung englischer Werke als Tat eines Deutsch= amerikaners, und in einem Briefe an die Uebersetzerin seiner Vorlesungen über Göthe spricht H. Grimm sogar die wehmütige Hoffnung aus, daß vielleicht der englische Mund seines Werkes den Landsleuten drüben sage, welch' ein Dichter Göthe gewesen sei.

Wir kämpfen mit gehäuften Schwierigkeiten, und darum darf das Vaterland nicht ungerecht sein. Wie verschieden die Motive auch waren, die im Laufe der Zeit Millionen unsrer Landsleute hierhertrieben, im Hintergrund ihrer Seele stand jedenfalls immer das Verlangen nach einer behaglicheren Existenz, das, kaum in eine Luft versetzt, wo Alles nach Erwerb drängte, natürlich zur Jagd nach dem Dollar ausarten mußte. Und wer will es dem Menschen verübeln, der seine Lage zu verbessern sucht, der als Kulturbringer in ein neuerschlossenes Land, in die einfachsten Naturzustände gestellt, zunächst im Kampfe um's Dasein aufgehen mußte?

Anders jedoch gestaltet sich die Sache, sobald wir gewahren, daß die Hindernisse von Vielen überwunden wurden, daß sich im Kampfe um den Erwerb ein behaglicher Wohlstand erzeugte, daß sich die Bedingungen zu höherem Aufschwung vorfinden. Es entsteht die Frage von selbst, ist der Erwerb zum Zwecke geworden oder blos Mittel gewesen. Mit andern Worten: hat der Kampf um's Dasein, die Forderung des grassesten Realismus, hat die Hetzjagd nach Geld den letzten Rest idealen Strebens aufgezehrt? Ist der Erwerb aber wirklich blos Mittel gewesen, wie wird er verbraucht? Sind es Schwelgerei und Luxus, die zur Blüthe gelangen oder beginnen Wissenschaft und Kunst sich zu regen? Was ist die geistige Luft, die hier herrscht und von der wir leben müssen?

Sie wissen es noch, wie ich Ihnen klagte, ich sei wie ein Fisch, den man auf's Land geworfen hat und der nun angstvoll nach Luft schnappt, als ich aus dem geistigen Strome in Deutschland wieder hierher zurückkehrte. Ja, Sie ahnen es kaum, was es heißt, mit seinem Streben ohne Fühlung und Verständnis zu stehen. Und als mir neulich ein treuer Freund, einer unsrer ersten Gelehrten, erzählte, wie ihn sein eigner Onkel nach seiner Rückkehr aus Deutschland fragte, was er jetzt tun wolle, um recht bald viel Geld zu verdienen, da brachen meine alten Wunden von Neuem auf.

Doch ehe ich Ihnen unsre Geistesluft schildere, muß ich einer andern Schwierigkeit gedenken, mit der wir zu ringen haben. Nur der beschränkte „Grüne" mag im Wahn seiner Reformideen hoffen, die deutsche Sprache werde mit der Zeit vielleicht noch die Herrschaft über's Englische gewinnen. Zum Glück überzeugen ihn gar bald die Tatsachen, daß er sich des Englischen bemächtigen muß, will er den Wunsch seines Herzens, sobald als möglich reich zu werden, mit Erfolg verwirklichen. Ja, Tatsache ist's: das Englische ist und bleibt die Landessprache, die Sprache des Geschäfts und Lebens, und eitel Torheit wäre es, sich dagegen aufzulehnen. Stehen die Dinge jedoch so, dann fragt es sich zunächst, ist der Deutsche genöthigt, damit seine Muttersprache aufzugeben, wenn aber nicht, welche Existenz hat sie dann zu fristen?

Es ist uns seit den Tagen Herder's, Göthe's und Schiller's, besonders aber durch Fichte klar, von welcher Bedeutung die Erhaltung der Sprache für das Fortbestehen eines Volkes ist, ja, wie sich an die Bewahrung des Deutschen grade der Fortbestand deutschen Wesens nicht blos, sondern der modernen Geisteskultur knüpft. Denn wie durch die gewaltige Tat der Reformation, so ist durch ihre Fortsetzung, die Wiedergeburt des deutschen Wesens im letzten Jahrhundert, der deutsche Geist wieder zum Befreier der Menschheit geworden, dem aller Kulturfortschritt der Zukunft anvertraut ist. Und was uns jetzt im Lichte klarer, wissenschaftlicher Erkenntniß und eines gesteigerten Gefühles leuchtend vor der Seele steht, hat es nicht mit der Naturgewalt naiv dunkler Ahnung in den Gemütern aller deutschen Stämme gewirkt, die je im Lauf der Geschichte von ihrem Mutterland gerissen wurden und ihre Sprache, ihr Denken, Fühlen und Singen erst mit dem Tode verleugneten. Hat diese geheimnißvolle Macht nicht in den Goten gelebt? Hat sie nicht einen Hermann und Karl Martell begeistert, als sie fremdes Joch und orientalische Barbarei vernichteten? Und trat sie nicht zwingend in die Seele Luthers, als er die römische Knechtschaft abschüttelte, ja in die Herzen aller deren, die sich gegen geistiges und weltliches Franzentum auflehnten, von den Tagen Lessings bis in die Gegenwart? Und wir, im Vollbesitz jener Vorbilder, eines nationalen Schatzes ohne Gleichen, berufen vor Gott und der Menschheit die höchste

Kultur zu fördern, sollten Sprache und Wesen um die elenden Silberlinge des Erwerbes und einer fremden Sprache schmählich verschachern?

Die Zeit zu schweigen ist vergangen, sagt Luther in seinem Briefe an den christlichen Adel. Lassen Sie mich prüfen, was unser Deutschtum getan hat zur Erhaltung seines Wesens auf den verschiedensten Gebieten geistiger Tätigkeit. Gestatten Sie mir dann ferner zur Lösung der großen Aufgabe mein Scherflein zu steuern. Denn nur dem Wahnsinn möchte es beifallen, völlig Neues und Abschließendes zu sagen. Und wie ich weiß, daß tausend der edelsten Herzen hier von der Frage um die Erhaltung des deutschen Wesens bewegt werden, so weiß ich auch, wie Sie mit klopfendem Herzen unsre Entwicklung verfolgen und jeden Schritt zum Bessern mit Jubel begrüßen.

III.

Sie schrieben mir einst: „hüten Sie sich vor jener schlimmsten Art von Pessimisten, die bei Ihnen wol nicht selten ist. Sie trauern um die eingerosteten Ideen ihrer Jugend und grinsen jedes neue Werden mit dem Hohn der Verneinung an." Wie hatten Sie Recht! Sie sollen drüben des Vorrechts nicht allein genießen, daß sich an der Wiege Ihrer Neuentwicklung die zahnlose Greisenfratze des Pessimismus zeigt. Auch hier schleicht diese Spottgeburt und sie verfehlt nicht mit ihrem Dunstkreis die Geister zu umnebeln, daß es wie Mehltau auf den Gemütern ruht.

Es lohnte sich vielleicht dem Gespenste auf den Leib zu rücken. Denn muß es Ihnen nicht wie närrischer Widerspruch vorkommen, daß man das Fortleben unsrer Sprache bezweifelt, während im verborgenen Winkel des Herzens fast jeder Edlere ein stilles Heimweh nach dem Vaterlande nährt und ein schlichtes deutsches Volkslied der verwittertsten Gestalt eine Thräne in's Auge ruft? Gewiß, fast alle deutsche Eltern, gefragt, ob sie die Muttersprache in den Kindern möchten fortleben sehen, würden mit einem Ja aus dem Grunde ihrer Seele antworten.

Das zweifelnde Aber würde sich freilich auch bald einstellen. Man würde Ihnen von der Abneigung sagen, welche das junge Geschlecht gegen deutsches Wesen hegt, vom Mangel an guten Schulen und all den Mitteln ein geistiges Leben zu fördern. Und sind dem Pessimisten damit nicht alle Glieder gegeben, seinen Trugschluß zu ziehen, welcher dem Deutschen die Fortdauer höhnisch abspricht?

Wie wäre es jedoch, wenn es mit jener Abneigung ganz eigen bestellt sei? Wie, wenn man dem ablehnenden Nachwuchs nie gezeigt hätte, was deutsche Bildung sei, damit ihr die sehnende Jugendseele entgegenschwelle? Denn nicht immer vermag es das Elternhaus im Drang der Geschäfte und nicht stets hat es Beruf, Mittel und Vermögen hierzu. Es läge daher im Grunde an unsern geistigen Führern und wie, wenn diese gerade die pessimistischen Gespenster wären, von welchen ich vorhin sprach?

Es lieben es diese Schemen, welche heimatlos zwischen beiden Nationalitäten irren, den Panzer der Erfahrung umzuschnallen und jedem Vorschlag zur Besserung, den Einsichtige machten, mit dem Vorwurf deutscher Ideenseligkeit und „unpraktischer Grünheit" zu begegnen. Und meist hatten sie damit nicht ganz unrecht. Was würden sie jedoch stammeln, wenn aus den Reihen des geschmähten jungen Geschlechts ein Ankläger erstünde, der in der Stille ein neues

Leben genährt hat? Ein luſtiger Kampf fürwahr, wenn er ſie zum Stehen brächte. Und er ſtritte im Geiſte von tauſend Geſinnungsgenoſſen. Ihr habt uns Steine gegeben, als wir nach Brod ſchrieen und Schlangen, als wir nach Fiſchen verlangten. Als wir in der Geiſtesdürre unſrer Schulen nach Rettung ſchmachteten, prahltet ihr mit den Waſſerbrunnen deutſcher Methode und ließet uns verdürſten; und als wir in unſern dunklen Kammern um Licht riefen, da zoget ihr die Vorhänge nieder und ſagtet, euer Haupt leuchte genügend für uns. Und wir erſchraken vor dem Bilde der Wahrheit im Hohlſpiegel eurer Schädel. Hinweg mit Euch, wir wollen Luſt, Freiheit, eine neue, eigene Entwicklung! Und leiſe erhebt ſich im Oſten ſchon die Sonne zu neuem Frühlingstag, vor dem die Geſpenſter entweichen.

Entſchuldigen Sie, daß ich mich ſo fortreißen ließ. Allein ich weiß, ſchon gibt es ſolcher Kreiſe, die im Stillen ein neudeutſches Leben förderten, und Ihnen darf ich es wol anvertrauen, daß ich ſelbſt einem ſolchen zugehörte, bevor ich hinüber zu Ihnen kam. Und wiſſen Sie auch, worauf es im Grunde dabei ankommt? Daß unſer feinfühlig deutſches Herz die Natur verſtehen lerne, die ihm erſt fremd und kalt ſcheint und unfähig ſeine Freuden und Leiden mitzufühlen, wie die deutſche der Heimat. Denn lächerlich wie es wol klingen mag, ſo reden Himmel und Erde hier eine andre Sprache und doch ist es im Grunde dieselbe. Aber die Dichter fehlen uns noch, die uns dieselbe deuten und unsre Seele mit Goldfäden an unsre Welt hier fesseln, daß sie uns lieb, traut und heimatlich werde. Drum schwebt es auch hier auf unsern schönsten Landschaften wie leise Frage eines Stummen, während uns die deutschen Täler und Höhen in tausend Liedern ihrer Sänger entgegen= jubeln.

Es bedarf bei uns jedoch nur des zarten Ohres, die stumme Sprache zu verstehen und des goldnen Mundes, sie zu beantworten, und Sie sollen Wunder erleben. Denn unsre Natur ist reich und schön und um uns blüht ein Leben, so voll und bunt, wie nirgends auf der Welt. Und wir atmen die Luft der Freiheit. Davon wissen unsre Pessimisten jedoch nichts, die nur den nackten Realismus sehen und Sünde wäre es auch, ihnen von dem offnen Ge= heimnis zu sagen. Nur die stille Gemeinde derer, die im Geiste sich ein Neues aufbaut und Hunderte von Amerikanern, die sich drüben bildeten und den Beruf in sich reiften, deutsche Kultur hier zu fördern, fühlen das Gleiche.

Nach einem nur seufzen wir noch, nach **Glauben an uns selbst**, ohne den es keinen Fortschritt gibt. Und wie schwer dem Deutschen der fällt, das zeigt ja unsre Geschichte. Wie gerne möchten auch wir von dem Stolze etwas entraten, der sich bläht, fremdes Wesen, wie kein Volk der Erde sich aneignen zu können. Jene alte deutsche Affendemut liegt auch uns in den Knochen und das Herz schwillt zum Fluche auf, wenn es auch hier jene Erbuntugend gewahrt, die wie ein Wurm von jeher am deutschen Geiste genagt hat. Und es sind nicht die fremden Tugenden, die unser Volk hier aufsaugt. Es liegt wie Kinder und Wilde vor dem Glitter der Fetische auf den Knieen. Was nützt aber der Fluch, wenn Ihnen ein Spiegel das Zerrbild weit deutlicher offenbaren möchte?

IV.

Ein amerikanischer Literat, der neulich in einer unsrer englischen Zeitschriften den Einfluß des deutschen Elementes auf seine Landsleute geschildert hat, sagt, neben viel Schmeichelhaftem, doch auch das Folgende:

„Eine deutsch-amerikanische Literatur existirt nicht und wird nicht existiren, da das Deutsche bestimmt ist, seinen Einfluß auf die Bevölkerung unsres Landes zu verlieren."

Obgleich dies summarische Urteil nun nicht ganz auf Wahrheit beruht, da wir schon Manches besitzen, was auf den Anfang einer hiesigen deutschen Literatur deutet, so enthält es doch einen Vorwurf, wie er schärfer nicht ausgesprochen werden kann, zumal der Verfasser gleich darauf des gedeihlichen Zustandes unsrer deutschen Presse gedenkt. Sie werden mit Recht fragen, wo steckt der Grund dieses Widerspruchs? Denn blüht die Presse, so ist doch geistiger Bedarf da, der Grund vom Verfall der Sprache ist darum für den Augenblick wenigstens nicht wahr. Oder leben Ihre Leser nur von Inseraten, Depeschen und politischen Leitartikeln? Das Alles trifft den

Kern nicht. Unfre deutschen Buchhandlungen in New York meſſen ſich mit den größten in Deutſchland und gar mancher Händler lebt vom Import deutſcher Zeitſchriften. Wir haben alſo Gebildete in unſrer Mitte, die, ſo zerſtreut ſie auch wohnen mögen, ihre geiſtige Nahrung ausſchließlich aus Deutſchland beziehen. Für dieſe Tatſache gibt es nur zwei Gründe: entweder wir haben hier keine Schriftſteller, die ſich mit den vaterländiſchen meſſen könnten, oder ſie ſind da und können aus irgend welchen Urſachen nicht zur Anerkennung kommen.

Es iſt nicht leicht, die Wahrheit hier zu ermitteln, wo ſich ſo viele Umſtände vereinen, ſie zu verhüllen. Denn ſo manch Erfreuliches von hieſigen Schriftſtellern auch ſchon geleiſtet wurde, wir können nicht auf den oder jenen weiſen und ſagen: hier ſchlummert ein Freytag oder Spielhagen, und dort ein Geibel oder Heyſe, man braucht ſie nur zu wecken, damit ſie ihre Kräfte entfalten. Und doch, wer wollte auf der andern Seite ſo grauſam ſein, von unſern Gebildeten zu ſagen, ſie hätten ihre Produktionskraft im Bier erſäuft und nährten ſich nur in den duſelfreien Stunden an den Schöpfungen der Heimat?

Ihnen brauche ich ja nicht zu ſagen, daß eine Literatur nicht auf Kommando hervorſprießt und daß wir den kindiſchen Glauben unſrer engliſchen Mitbürger nicht teilen, die mit ihrem Golde eine Universität nach deutschem Stile hervorzaubern wollen. Aus dem Inhalt meiner vorigen Briefe aber haben Sie gewiß schon geschlossen, wo die tieferen Gründe liegen, die einen geistigen Aufschwung bisher verhinderten. Mit Recht aber fragen Sie auch: Wäre es nicht Pflicht Ihrer blühenden Presse den deutschamerikanischen Sinn zu nähren, heimischen Talenten die Spalten zu öffnen und so im Kleinen und Stillen zu pflegen, was die Voraussetzung aller Literatur ist: das unsichtbare Wechselverhältniß zwischen Volk und Schriftsteller, woraus erst Fruchtbares erspriesst?

Es wäre ungerecht, wollten wir verneinen, daß dies überhaupt geschehe. Besonders ein New Yorker Wochenblatt, das Belletr. Journal, das Sie ja auch kennen, sucht seine Ehre in solchen Beiträgen, wenn es auch zur Versorgung seines novellistischen Teiles fast stets in die Heimat wandern muß.

Nicht so die Schaar der übrigen Blätter meiner Bekanntschaft, die ihren Lesern meist eine Sonntagsausgabe bieten, gefüllt mit Unterhaltungsstoff. Nur selten d. h. meist nur bei Berühmtheiten wird der Verfasser genannt. Kaum je erfahren wir die eigentliche Heimat der betreffenden Artikel, die indessen fast ausschließlich deutschen Zeitschriften und Feuilletons entwandert sind. Die armen deutschen Schriftsteller, an deren Mark die Bettelküchen deutscher Leihbibliotheken genugsam zehren, haben sich längst über dies geistige Piratentum beschwert, das selbst in religiösen Kreisen seine Glieder hat. Erfolglos. Man antwortet mit Grobheit oder Hohn und sucht im besten Falle ihr Mitleid zu erwecken. Als sich vor nicht langer Zeit in unsrer Mitte eine Stimme erhob, welche gesetzlichen Vertrag und erhöhten Eingangszoll forderte, um damit auch heimischen Talenten aufzuhelfen, da donnerte man sie als beschränkte Ketzerin nieder. Man befindet sich auch sehr wol dabei. Es ist ein eignes Schauspiel den gemästeten Pessimisten zu sehen, wie er die Gärten deutscher Zeitschriften durchwandelt und sich die Blümchen schneidet, die er seinen Lesern als eigne Pflanzung darreicht. Nur schade, daß manche der Leser so boshaft sind, dem gutmütig beschränkten Haufen nicht anzugehören, wie ihn der Pessimist sich vorstellt und eigenmächtig die Beete wiedererkennen, worauf die Blümchen gewachsen.

Kaum würde ich Sie mit diesen häßlichen Tatsachen behelligen, lägen darin nicht die Principien verborgen, die uns am Boden halten. Wir verstehen den Pessimisten, der sich so billig als möglich mästet, wir vergeben ihm auch mit stillem Lächeln, daß er uns für so beschränkt hält. Die Fragen des Anstandes und der Sittlichkeit, die sich unvermeidlich damit verknüpfen, hat jener für sich zu entscheiden, wie sie das gebildete Publikum längst für ihn beantwortet hat. Was heißt es jedoch zu wissen, daß in den Herzen aller unsrer Landsleute das sehnende Verlangen nach Erhaltung der Muttersprache lebt und dies Bedürfniß auf eine Weise zu befriedigen, welche den Tod derselben in sich schließt. Die schlagendste Antwort hierauf bietet die Gleichgültigkeit unseres Nachwuchses gegen die Erzeugnisse deutscher Literatur. Denn was den eingewanderten Deutschen an die Literatur seiner Heimat fesselt, ist das stille Heimweh, dem die verklärte Welt seiner heimatlichen Schriftsteller nur das liebe Vaterland ist, in das er mit Wehmut sich gerne versenkt. Unsre Jugend, welche diese Sehnsucht nur selten teilt, die Welt um sich jedoch nicht in dem Zauberspiegel deutscher Dichtkunst erblickt, wendet sich naturgemäß und mit richtig menschlichem Instinkte der englischen Literatur zu, wo sie, wenn auch meist erbärmlich, doch ihre Umgebung wiederfindet. Gleicht darum das Verfahren unsrer Führer dem Treiben des schlechten Arztes, der nur das Verlangen seines Patienten befriedigt, gleichwol ob zuträglich oder nicht und welcher den Schwindsüchtigen gewähren läßt mit dem pessimistischen „er stirbt ja doch", so erhebt sich unterdessen noch ein andrer Vorwurf.

Keiner meiner Landsleute, so zäh und liebevoll er auch an der Heimat hängen mag, wird leugnen, daß sich in seiner Seele ein leiser Umschwung vollzieht, sobald er nur längere Zeit hier gelebt hat. Wenn auch entschieden deutsch in seinen Grundanschauungen, er wird sich des Eindrucks nicht erwehren können, mit dem sich die hiesige Welt widerlich oder angenehm in seine Seele schleicht. Und mit Vergnügen wird er den künstlerischen Reflex bemerken, den diese Welt bei einem Schriftsteller wirft. Als Beispiel könnte ich Ihnen ein kleines Werkchen nennen, das vor einigen Jahren viel Erfolg hatte. Es beschrieb in launig versificirter Briefform die Eindrücke eines „Grünen" kurz nach seiner Landung und rief damit überall ähnliche Erinnerungen wach. Auch unser bestes deutsches Witzblatt, der „Puck", verdankt nächst seinen genialen Bildern diesem Genre seine Erfolge. Ueberall in diesen Versuchen werden Sie jedoch das Bestreben bemerken, sich vermittelst des Humors und Witzes von hiesigen Eindrücken zu befreien, ein Zeichen, daß die Seele eigentlich noch an Deutschland hängt. Die Bemühungen unsre Welt mit ernstem, liebevollem Sinne zu erfassen und zu erklären, sind weit seltner und haben viel weniger Anklang gefunden. Wird Sie das aber wundern, wenn unsre Heimwehspekulanten dafür sorgen, daß jener Wehmutstaumel nicht all werde? Sie wären nicht kluge Spekulanten, wollten sie der Opposition die Türe öffnen. Es würde das dem Geschäft schaden, ja boshafte Seelen würden den tiefsten Grund ihres Pessimismus entdecken, ihre geistige Impotenz.

Wie aber können sich unsre geistigen Eunuchen besser verbergen, als hinter der Maske des Pessimismus, womit sie imponiren und sich mästen?

V.

Es war die deutsche Kirche, die zuerst und am meisten für die Erhaltung des Deutschen getan hat. Die Männer, welche sich mit der Geschichte deutscher Einwanderung beschäftigten, haben ihr einmütig das ehrende Zeugniß ausgestellt. Daß die Pflege der Muttersprache Grundbedingung ihrer Existenz war, schmälert ihr Verdienst nicht, auch wenn wir bedenken, daß damit das Deutsche eigentlich nur Mittel zu anderen Zwecken wurde. Aber gewiß, neben seinen „überirdischen" Interessen lag wol auch die Sprache als solche gar manchem Geistlichen so lieb am Herzen, wie irgend einem seiner irdischen Stammesgenossen. Doch eigentlich kümmern uns ja die Motive der Kirche nicht, sobald wir nur wirkliche Früchte ihrer Bemühungen sehen. Und diese sind nicht zu leugnen. Wer ruft sich nicht gern jener epischen Gestalten eine vor die Seele, die im vorigen Jahrhundert und zu Anfang des unseren mit ihren Gemeinden in das neue wilde Wunderland zogen und am hellen Tag der Ueberkultur ein Bild jener wunderbaren Urzeiten in die Wirklichkeit riefen, nach welchen die gebildete Welt damals seufzte und schrie. Und blicken wir uns heute nach dem Zustand der deutschen Kirche um, dann finden wir sie fast über das ganze Land verbreitet, nach altgewohnter Weise in hundert Sekten und Sektchen gespalten, überall aber in deutscher Zunge ihre Zwecke verfolgend. Was nicht den selbständigen respektablen Körpern der reformirten und lutherischen Kirche angehört, hat sich klugerweise in die reichen Arme englischer Sekten geworfen, deren Missionseifer es nicht wenig schmeichelt, auch unter den Deutschen, wie unter den Negern und Indianern „für's Reich des Herrn" zu arbeiten. Erschrecken Sie ja nicht über diese Dinge, auch darüber nicht, daß es Speichellecker genug gibt, die um schnöden Geldes willen ihre Landsleute als verkommene Heiden verschreien. Dürfen wir aber bei kirchlichen Unternehmungen nie ängstlich nach den Mitteln fragen, womit sie in's Werk gesetzt werden, so darf uns auch keine Gänsehaut überlaufen, wenn wir sie auf obige Weise der Erhaltung des Deutschen dienen sehen. Am allerwenigsten dürfen sich unsre sogenannten Gebildeten einen Spott darüber erlauben, denn bis heute haben sie das sittliche Wol ihrer Stammesgenossen mit herzlosem Egoismus ignorirt und Männer, die es mit ihrem Volke wolmeinten, dadurch gewaltsam in amerikanische Verbindungen getrieben.

Auf Grund all dieser Bestrebungen sehen wir nun heute, daß nicht blos in tausend Kirchen deutsch gepredigt wird, man hat auch, um eine deutsche Kirche bei uns zu erhalten, eine Menge von Schulen gegründet, ja sogar eine Anzahl von theologischen Lehranstalten errichtet, in welchen deutsche Prediger erzogen werden. Gleichgültig zunächst wieviel wirkliche Wissenschaft in den letzteren getrieben wird, der Kirche gebührt wieder das Lob, auch bei uns Kulturbringerin gewesen zu sein und wenigstens die Anfänge zu höheren deutschen Anstalten gemacht zu haben.

So erfreulich diese Tatsache nun auch klingt und so ermunternd diese Erfolge für die Zukunft erscheinen, wir müssen sie doch nach ihrem Werte prüfen. Es müßte jeden wahren Deutschen, auch den, der sich nicht zu irgend einer religiösen Gemeinschaft bekennt, im Herzen freuen, wenn die Kirche den Weg zur Erhaltung der Muttersprache gefunden hätte.

Hier kann uns nun wieder die zweite Generation als Prüfstein dienen. Denn hören wir auch aus kirchlichen Kreisen die alte Klage, daß sich die Jungen nur selten oder nur durch gewissen Zwang zur deutschen Kirche halten, dann entsteht uns notwendig Mißtrauen in die Mittel, die man zur Erhaltung des Deutschen anwendet. Der Fehler liegt darum entweder in den Kirchenschulen oder an den Geistlichen, vielleicht auch in Beiden. Ich möchte heute den letzteren Fall untersuchen.

Es ist kein erfreuliches Bild, das ich Ihnen hier von unsrer deutschen Geistlichkeit eigentlich entwerfen müßte. Der wahrhaft wissenschaftlich gebildeten Männer gibt es nur wenige bei uns und die Masse der halb= und ungebildeten Kleriker vermag es nicht einmal in edel deutscher Form sich schriftlich auszu=drücken. Erwägen Sie dann ferner, daß ihrer Be=schränktheit das Gebiet der Poesie meist verschlossen ist, ja daß vielen von ihnen alle Gedichte, die nicht im Gesangbuch stehen, Werke des Teufels sind, dann brauche ich nicht hinzuzufügen, was unsre Sprache von solchen Gesellen zu erwarten hat. Nur weil sie sammt ihren Zuhörern des Englischen nicht recht mächtig sind, bedienen sie sich des Deutschen zur „Glaubensstärkung". Doch ich würde unrecht tun, wollte ich alle Geistliche in diese Klasse stecken. Es gibt darunter auch edle Seelen, welche in's Gewebe ihrer irdischen und himmlischen Lebenszwecke zuweilen auch das Interesse um höhere deutsche Kultur auf=nehmen. Lassen Sie mich Ihnen eine Geschichte erzählen, die unsre kirchlichen Bemühungen um's Deutsche in reizendem Lichte zeigt.

Vor nicht langer Zeit kehrt ein junger Freund von mir von seiner Studienreise aus Deutschland zurück und wird zufällig mit einem deutschen Geist=lichen in Hoboken bekannt. Er erzählt ihm von seiner Begeisterung für deutsche Studien, findet einen auf=merksamen Zuhörer und ist unvorsichtig und un=erfahren genug, sich zu einer Reihe von Vorlesungen

zu verstehen, zu welchen der Geistliche gar bald eine
große Zuhörerschaft verspricht. Obwol nun mein
Freund in ihm gar bald den ungebildeten Leer- und
Querkopf erkannt hat, so kann er sich doch nicht mehr
zurückziehen, da das Unternehmen inzwischen aus=
posaunt war und wirklichen Erfolg versprach. Auch
die aufbringlichen Fragen in Bezug auf seine Herzens=
angelegenheiten nimmt er harmlos hin. Da, am
Abend vor Beginn der Vorlesungen ladet ihn der
Missionär zu einem Spaziergang im Mondschein.
An einer einsamen Stelle angekommen, fällt er zitternd
und schluchzend über den Freund her und fragt ihn
nach dessen Gefühlen für seine ältliche Tochter. Zu=
gleich eröffnet er ihm, daß bei einer verneinenden
Antwort das Projekt hinfalle, da er seine verliebte
Tochter dann nicht schicken könne und die übrige
Zuhörerschaft damit auch ausbleibe. Mein Freund
übersieht die kritische Lage mit kühlem Blicke, will
sich nicht öffentlich blamiren, noch weniger aber dem
teuflischen Ansinnen seines Versuchers fügen und
antwortet beschwichtigend und ausweichend. Das
Unternehmen beginnt und erweist sich als Mißerfolg,
dem nur der Anschlag auf die Persönlichkeit des
Freundes zu Grunde lag. Seines öffentlichen Rufes
wegen führt er die Vorlesungen jedoch fort, während
der Kuppler nicht müßig bleibt. Er sendet dem
Freunde ein schriftliches Liebesgeständniß seiner

Tochter und fordert unter Tränen und Schmeicheleien eine Verlobung. Das war denn doch zu stark. Es folgten die üblichen Scenen, aus welchen der Missionär mit gebührendem Fußtritt hervorging und das Unternehmen fand sein Ende.

Gewiß, Sie haben alle Schlüsse schon selbst gezogen!

VI.

Eine jüngst veröffentlichte Statistik, die jedoch noch lange nicht alle deutschen Schulen des Landes umfaßte, zeigte uns recht erfreuliche Zahlen an Schülern und Lehrern, so wenig dieselben auch in einem Verhältniß zu der Größe unsrer deutschen Bevölkerung stehen. Wir besitzen außerdem auch ein deutsches Lehrerseminar, dessen Existenz immerhin ein Beweis für das große Bedürfniß deutscher Schulen ist. Da die letzteren bis jetzt noch meist mit Kirchen verbunden sind, unser Seminar sich jedoch jeder kirchlichen Färbung entschlagen hat, so muß es den Freund seines Volkes betrüben, auch hier die Entzweiung zu gewahren, ohne die, wie es scheint, unsre lieben Deutschen nun einmal nicht existiren können. Wol ist es ja begreiflich, daß sich nicht jeder Lehrer zu dem beschränkten Vorstellungskreis vieler unsrer Geistlichen bequemen kann, daß dem gebildeten Pädagogen in Sachen der Erziehung die freche Anmaßung des halbgebildeten Predigers lächerlich und unerträglich wird. Nicht minder komisch erscheint freilich auf der andern Seite das Gebahren jener Pygmäen, welche sich ihrer sogenannten Wissenschaft brüsten. Ist die Halbbildung der Lehrer schon in Deutschland die

Urſache manch närriſcher Erſcheinung, ſo ſind dieſe toll gewordnen Schulmeiſter bei uns geradezu ein ſociales Uebel, nicht minder als die verrückt gewordnen Geiſtlichen. Ich brauche Ihnen daher auch kaum zu ſagen, wie es von einſeitiger Bildung und mangel=hafter Kenntniß zeugt, wenn die ſogenannten „Freien" das religiöſe Element in ihrem Erziehungsprogramm gar nicht berückſichtigen, ja den Kampf gegen die Religion geradezu auf ihr Panier geſchrieben haben. Sie beſchwören damit nicht blos die Oppoſition der Geiſtlichkeit herauf, auch die Neigung vieler Deutſchen haben ſie damit gegen ſich. Und der Riß auf einem Gebiete, wo nur einträchtiges Streben Reſultate erreichen kann, wird damit unheilbar.

Verkennen dürfen wir das Streben der freien Richtung jedoch nicht, auf unſerm Boden einen tüch=tigen Lehrerſtand zu bilden. Denn leider gibt es auch in dieſem Stande, wie im geiſtlichen, der Pfuſcher und Lumpen ſo viele. Jeder verkommene Kaufmann, jeder entlaufne halbwüchſige Schuljunge kann ja den Lehrerberuf ergreifen und bei dem Mangel an Päda=gogen fällt es ihm meiſt auch nicht ſchwer, eine Stellung zu finden. Und wenn unſre deutſche Schule bis jetzt noch wenig geleiſtet hat, ja wenn ſich ein allgemeines Mißtrauen der Eltern bemächtigt bei allem Verlangen nach deutſcher Bildung, dann hat es die Schule jenen Subjekten zu verdanken, die sie in Berruf gebracht haben. Und sicherlich, jeder wahre Lehrer wird mit gleicher Verachtung auch von den wirklichen Standesgenossen sprechen, welche mit strolchenhaftem Lebenswandel den hohen Beruf entehren.

Von einem in zwei Lager geteilten und in jedem dieser Lager mit corrupten Elementen versetzten Stande, läßt sich von vornherein kein entscheidender Einfluß erwarten. Und doch, müßten nicht alle Klagen über eine dem Deutschen abgeneigte Jugend hier wegfallen, wenn sie vom zartesten Alter an der Leitung eines erfahrenen, tüchtigen Lehrers anvertraut wäre? Gerne gebe ich zu, daß die Neigungen unsrer Jugend schon früh durch äußere Umgebung dem deutschen Wesen entzogen werden. Das leichtere, mit peinlicher Uniformität von allen gesprochne Englische imponirt dem jungen, eingebornen Deutschen, der die deutsche Sprache meist nur in verstümmelter Dialektform des Elternhauses gehört hat, nicht weniger als die geschniegelteren Formen der Amerikaner. Die Schimpfnamen, womit ihn seine englischen Gespielen als Deutschen kennzeichnen, tragen vielleicht das Meiste dazu bei, in der jungen Seele eine natürliche Abneigung zu wecken, zumal sie inneren Wert von äußerem Schein noch nicht zu unterscheiden vermag. Was wollen aber alle diese schädlichen Einflüsse bedeuten gegen das Uebergewicht an geistiger Bildung und vollendeter Methode, mit welchen der wahre deutsche Lehrer seinen Zöglingen gegenübertreten kann? Ja, die Methode, die sich naturgemäß auch in den Lehrbüchern spiegeln sollte. Leidet aber die englische Schulliteratur an Schwächen, welche den wahren Schulmann mit Furcht und Grauen erfüllen für ihre Wirkung auf's jugendliche Gemüt, dann müßten doch unsre deutschen Lehrmittel naturgemäß eine Ehre darin suchen, die glänzenden Errungenschaften deutscher Pädagogik bahnbrechend einzuführen. Denn importiren lassen sich die Bücher nicht kurzweg, welche dem Kinde in Deutschland die Muttersprache zuerst vermitteln, denn Vorbedingungen und Anschauungskreis sind bei uns nicht dieselben. Und doch, man hat diesen Fehlgriff gemacht. Die Folgen desselben sind aber lange noch nicht so nachteilig gewesen als der Einfluß dessen, was man hier als Lehrbücher fabricirt und verbreitet hat. Ja, ich stehe keinen Augenblick an, zu behaupten, daß ein Kind durch diese zum Haß gegen die Sprache seiner Eltern geführt wird. Zwar kann ich mich nicht rühmen, Alles zu kennen, was man auf diesem Gebiete geleistet hat, die verbreitetsten Lehrmittel habe ich jedoch gesehen. Und nun denken Sie sich von dürrer Schulmeisterseele, der keine Ahnung lebt von der Fülle und Poesie eines Kinderherzens, ein Buch zusammengestoppelt, in dem böhmische Dörfer dicht bei widerlichster Prosa amerikanischen Lebens liegen; worin das arme Kind mit Lauten und Dingen gequält wird, die ihm alle Lust und Freude verleiden; das Ganze schließlich nach einer Methode zu Wege gebracht, wie sie in den pädagogischen Berirrungen früherer Jahrzehnte wucherte, dann werden Sie verstehen, warum sich unsre Jugend mit Ekel vom Studium der Muttersprache wendet.

VII.

Es sind nicht glänzende Resultate, die Sie in den vorigen Briefen gefunden haben, und doch muß ich Ihnen Recht geben, wenn Sie mir zurufen, verlieren Sie die Hoffnung nicht, auf allen Gebieten ist schon etwas geschehen, wenn auch das Letzte und Richtige noch nicht. Dürfte ich darum zu zeichnen versuchen, was mir und vielen Gesinnungsgenossen als solches vorschwebt?

Zunächst muß ich jedoch eines Irrtums früherer Jahre gedenken. Aus Fr. Kapp's trefflichen Büchern, die Sie stets mit so viel Teilnahme lasen, ist Ihnen gewiß jener unglückliche Traum eines neuen Deutschland bekannt, den talentvolle Flüchtlinge von 1848 hier zu verwirklichen strebten. Es ist weder schön, noch billig, über die verfehlte Begeisterung eines Menschen zu spotten, und gewöhnlich sind solche Spötter auch geistige Lumpen, die keiner glutvollen Seelenerhebung fähig sind. Und war denn jener Traum so absurd, sobald wir ihn nur seines politischen Gewandes entkleiden? Lebte darin nicht am Ende die Ahnung des Richtigen?

Der Trieb nach Erhaltung des deutschen Wesens ruht nicht blos auf der Anhänglichkeit an den Stamm, mit welcher wol auch andre Nationalitäten für ihr Fortbestehen in der Fremde arbeiten. Es gibt bei uns auch der Russen, Schweden, Franzosen und Italiener eine Menge, die alle, mehr oder minder, an ihrem Vaterland hängen. Nur wenigen derselben wird es jedoch einfallen, mit gleicher Begeisterung ihr nationales Wesen zu behaupten und geltend zu machen. Man könnte den Grund dafür wol in der Größe der deutschen Bevölkerung suchen, wie sie eine fast nie versiechende Einwanderung noch täglich verstärkt. Bedenken Sie aber, daß die sechs Millionen unsrer Landsleute keineswegs zusammenwohnen, ja, daß Sie gerade bei den Familien, die versprengt, mitten in stockamerikanischen Staaten ansäßig sind, die Sehn=sucht nach Bewahrung des Vaterländischen am stärksten finden, so bleibt jener Grund kaum stichhaltig. Und was sich bei den minder Gebildeten unsrer Deutschen fast instinktartig kundgibt, wird Ihnen bei unsern wahrhaft Gebildeten als fest bewußtes Streben aufstoßen, so wenig man sich auch die tieferen Gründe dafür mag klar gemacht haben. Denn jene Ueber=läufer, welche aus Beschränktheit und Mangel an Bildung in's amerikanische Lager gingen, um dort eine lächerlich verächtliche Zwitterexistenz zu führen, kommen hier nicht in Betracht. Wie es aber oft in der Geschichte sich schon ereignet hat, daß das Aus=land dem Deutschen erst sagen mußte, welchen Wert er besitzt, so scheint es auch bei uns zu gehen. Und ist es auch wol zuerst beschämend, zu sehen, wie sich Tausende von Amerikanern deutscher Bildung zuwenden, während wir Millionen fast nichts zur Erhaltung derselben tun, dann füllt es das deutsche Herz doch wieder mit Stolz, wenn es gewahrt, wie seine englischen Mitbürger dem deutschen Genius huldigen. Beschämung und Stolz aber gebären dann vielleicht die Erkenntniß, daß deutscher Kultur schließlich die Zukunft unsres Landes gehört und daß es die Kinder unsres Volkes wie ein Fluch treffen wird, wenn sie die Aufgabe verkennen und vergessen, die aus jener Erkenntniß quillt.

Nicht darum ein deutsches Reich von dieser Welt, wol aber ein neudeutsches Reich des Geistes wird uns als Bild vor der Seele schweben, und die edleren Kämpfer aus dem deutschen Sturmjahre von 1848 werden sich's schon gefallen lassen, daß sich ihr Traum in andrer Weise erfüllt, ja, daß sich in jenem Reiche auch die besten und edelsten der englisch redenden Brüder finden.

Sie wissen, es gibt kaum blassere und verbrauchtere Worte als die Ausdrücke Idee und Ideal, wenn sie nicht mit bestimmtem, warm gefühltem Inhalt erscheinen. Trauen Sie mir aber auch nicht zu, daß ich in unreif studentenhafter Weise mit jenen prunkenden Worten die Nebelbilder meines Geistes zu verhüllen strebe, dann mag es Sie doch wie leises Mißtrauen anwandeln, wenn ich behaupte, uns sei in der Fremde das deutsche Ideal erschienen und fordere seine Verwirklichung. Es ist ja nicht an Zeit und Raum gebunden, und glauben Sie nicht, daß uns grade die Ferne Sehen und Fühlen schärft? Nicht aber wir blos, auch die besten unsrer englischen Mitbürger, wie ich schon vorhin sagte, suchen längst nach dem Stern, der unsre geistige Entwicklung leite. Und es ist nicht deutsches Bierphilistertum, dem wir uns zusehnen. Uns begeistert der gleichmäßig gebildete deutsche Idealmensch, dem Erkennen, Fühlen und Wollen harmonisch zusammenklingt. der in sich ein ureigen natürliches Leben nährt und leicht mit sittlichem Takte sich in der menschlichen Gesellschaft bewegt, dem aller Zwiespalt von Wollen und Tun, Glauben und Wissen sich in die höhere Einheit erkennenden, ahnenden Empfindens gelöst hat, und der mit Schöpferkraft die umgebende Welt zum herrlichen Bilde gestaltet, der Menschheit zur Freude, zum Trost und zur Rettung.

Ja hiernach ringen unsre Besten, und da Sie mit mir des Glaubens leben, daß in jeder Seele, in jeder

Kindesseele besonders die Anlagen und Keime hierzu schlummern, die nur des belebenden Sonnenblickes harren, um mächtig zu erstehen, so haben Sie es schon längst für mich ausgesprochen: **nur durch eine liebevolle Pflege der Muttersprache und durch ein neues, hingebendes Studium der Werke, in welchen jenes Ideal herzerhebend lebt, kann das verwirklicht werden, was jetzt nur Einzelnen als schöne Vision vor der Seele gaukelt.**

Ich bilde mir nicht ein, damit Neues ausgesprochen zu haben, doch darf ich wol sagen, ich habe mir dies Resultat selbständig errungen. Wer aber will es dem Wanderer verargen, der nach langen nächtlichen Irrfahrten endlich den rechten Weg fand und nun laut aufjubelnd es jedem zurufen möchte: hier, hier ist die rechte Straße?

Lassen Sie mich meine Freude wenigstens Ihnen vertrauen. Ihr feines, unbestechliches Urteil wird mir schon sagen, ob ich auf rechten Pfaden bin, auch wenn ich versuche, Aufgabe und Ziel von Schule, Kirche und Presse nach jenem Ideal zu bestimmen. Das Skizzenhafte des Unternehmens aber wird Ihnen gewiß durch die Briefform gefordert erscheinen, während es in der Abhandlung eine unverzeihliche Oberflächlichkeit wäre.

VIII.

Wie unter den Individuen, so sind auch bei den Völkern die Gaben verschieden ausgeteilt, und es wäre Wahnsinn, vom Ackerpferd Hippogryphen-Dienste zu fordern. Nie hätten die Römer ein Ideal erzeugt, wie wir es im griechischen verehren; von ihrem weisen, einsichtsvollen Sinn zeugt es jedoch, wenn sie dasselbe ihrem prosaischen Geiste einzupflanzen sich bemühten. Und während sie seine Geburtsstätten politisch unterjochten, da begann griechische Bildung ihre rohen Ueberwinder sich geistig zu unterwerfen. Gleichen wir Deutsche in diesem Lande wenigstens darin den Griechen. Politisch, wie der Verkehrssprache nach sind wir mit Recht und Lust der großen, schönen Republik einverleibt, an uns liegt es, unsre Herrscher mit unsrem Geiste zu beseelen. Was kann uns auch hindern, hier in der Ferne ein geistiges Großgriechenland zu schaffen, als unsre Schlaffheit, der es nie zum Bewußtsein geworden ist, welches Pfund ihr anvertraut worden?

Denn, auch ohne geschichtliche Vergleiche, wo ist das moderne Volk, das nicht blos nach Außen unter Führung seines größten politischen Sohnes weltbeherrschend dasteht, das weit mehr im Reiche des

Geistes Schätze und Güter birgt, die ihm die Zukunft der Welt verheißen? Erst wenn uns das zum erhebenden Gefühle gewachsen ist, nicht zum stolzen, hochfahrenden, sondern zum tatkräftig schaffenden, werden wir uns auch aufraffen.

Daß dies Werk der Erneuerung bei der Jugend zu beginnen hat, damit ein völlig neu gebildetes Geschlecht erstehe, dem eine brennende Liebe zu jenen Bildern im Busen glüht, werden Sie mir gewiß zugeben. Schwieriger wird es sein, den Weg zu zeigen, auf welchem dies zu Stande kommen kann.

Wie gerne würde ich hier entwickeln, läge es nicht weit klarer vor Ihren Augen, wie sich in unsrer Muttersprache, in tausend Wörtern des gewöhnlichen Lebens all die Keime verbergen, aus welchen die geübte Hand des Lehrers ein neues Leben in seinen Schülern kann erblühen lassen; wie grade die deutsche Sprache, die unmittelbar, wie keine andre Sprache in den Tiefen des schaffenden Volksgeistes wurzelt, solch neue Bildung allein vermitteln kann; wie hier im Kleinen, in einzelnen Wörtern schon, sich Anschauen, Empfinden und Denken unsres Volkes zu schönen Bildern und Bildchen gestaltet hat, an welchen unser eigenes Werden sich stärken kann. Im Grunde ist ja alle wahre Bildung nur Entwicklung des Anschauungs- und Empfindungsvermögens, worauf gesundes Denken und sittliches Handeln sich unzerstörbar gründen. Wie aber kann dies Ziel schöner erreicht werden, als durch Pflege der Sprache, die eine Verkörperung desselben Triebes ist und in welche die edelsten Geister unseres Volkes die Früchte ihrer Bildungsarbeit gehüllt haben. Mir sind die Bestrebungen Pestalozzi's, Fichte's, Schleiermacher's und Diesterweg's darum auch immer wie die Antwort erschienen, welche der strebende Teil des deutschen Volkes auf die Bemühungen seiner geistigen Führer gab, als die begeisterte Nachfolge in das Wunderland des neuen Lebens, das jene herrlichen Männer mitten in der Verstandeswüste des 17. und 18. Jahrhunderts hervorzauberten.

Ach wir schmachten hier in gleicher Wüste. Noch neulich sagte der Schulsuperintendent eines unsrer größten Staaten in öffentlicher Lehrerversammlung, ihm sei der Anschauungsunterricht zuwider, weil er die Aufmerksamkeit der Kinder vom Unterricht ablenke, die Phantasie und die Abstraktion nicht fördere. Welch reizendes Armuts- und Beschränktheitszeugniß, läge dahinter nicht unser ganzes Elend verborgen. Ist es doch eine uralte Erfahrung, daß grade das Höchste und Edelste in der Hand des Unerfahrenen und Beschränkten gar leicht zum verderblichen Gifte wird. Ja wir müssen jenem Pseudo-Pädagogen selbst Recht geben, wenn er s e i n e n Anschauungsunterricht meint, wobei er die Schüler mit toter Auf=

zählung von Merkmalen abhetzt, um ihnen schließlich noch durch geistlose Definitionen den Garaus zu machen. Eins aber, ja das Wichtigste hat ihm seine Beschränktheit zu sagen verboten. Daß unser sittliches Elend, jenes Tollen zwischen Extremen, der Mangel an Selbstbeherrschung, die bodenlose Pietätslosigkeit, die Unfähigkeit zum wahren Lebensgenuß aller Frömmelei zum Hohn tagtäglich von dem Erziehungssystem genährt wird, zu dessen Hauptvertretern er gehört.

Welches Feld, welche Aufgaben für den deutschen Pädagogen, der das Wesen seiner Kunst ergriffen hat, und sie auch auszuüben weiß! der die erwachende, staunende Kindesseele in die umgebende, herrliche Welt und diese ins Kindergemüt zu führen versteht, seine Zöglinge stufenweise fortleitet und ihre Seele mit dem schönen Realismus füllt, der gleichweit entfernt ist von trockner Verstandeskultur wie von geistlosem Materialismus.

Was den Stümpern im deutschen Unterricht nie gelingen wird, das würde er spielend erreichen. Freilich bedürfte er auch der noch zu schaffenden Lehrmittel. Schon früher erwähnte ich, daß sich deutsche Bücher nicht geradezu importiren lassen. Es käme darauf an, eines der wichtigsten aller Bücher, ein erstes Lesebuch zu schaffen, das dem Kinde den ersten Lesestoff vermittelte, wie er sich seiner Anschauung aufdrängt. Freilich gehörte hiezu der liebevollste Sinn, das eingehendste Verständniß, ja eine gewisse Künstlerschaft, die es vermag, das Gewöhnlichste unsres Lebens und dieses dennoch verklärt in kleinen Lesestücken zurückzuspiegeln. So lange jedoch die Produkte unsrer Bücherfabrikanten den Markt beherrschen, so lange sich in den wüsten Seelen unsrer Schulmeister nur die prosaischen Reflexe der Bierkneipen wälzen, wird dies frommes Ideal bleiben.*)

Es kann mir nicht einfallen, Ihnen hier mit einem vollständigen Lehrplan des deutschen Unterrichts beschwerlich zu werden, nur die Umrisse des Ganges lassen Sie mich andeuten. Dem Kinde, dem durch eine solche Fibel die Lust und Liebe zur Muttersprache erwacht wäre, müßten dann die Schätze Grimm'scher Märchen und bedeutender Jugendschriftsteller erschlossen werden. Der Kenner weiß, welche Bildungsmittel hier vergraben liegen, sobald der Lehrer nur die Wünschelrute besitzt, sie zu heben und nutzbar zu machen. Gerade die innige Märchenpoesie ist mit

---

*) Anmerkung. Dem Verfasser waren, als er Obiges schrieb, die trefflichen Bücher von W. Gelbach (New York bei L. W. Schmidt) noch nicht bekannt. Er steht jedoch keinen Augenblick an, sie für das Beste unsrer Literatur zu erklären, obgleich nach seinem Dafürhalten das amerikanische Leben darin noch nicht genügend verwertet wurde. Für die Erbärmlichkeit unsrer Schulzustände zeugt es, daß ein so geschmackvolles Buch bis jetzt noch so wenig Verbreitung gefunden hat.

ihrem schönen, von zartester Empfindung umwebten Realismus dazu angetan, das neue Leben im Schüler zu pflanzen und zu entwickeln. Das ängstliche Gemüt wähne nicht, es gäbe dabei nicht mehr eigentlichen Schulmeisterstoff zu traktiren. Dessen wird immer noch die Fülle vorhanden sein, allein er ist nicht mehr Marter des armen Schülers, sondern Lust, weil er zur Nebensache geworden ist.

In stufenweiser Anordnung, wie sie von erfahrener Lehrerhand in einem Kreis von Lesebüchern zu schaffen sei, folge dann das Schwierigere bis hinauf zum Höchsten, dem Ideale zustrebend, das wir aufgestellt haben. Und auf alle Zweige des Unterrichts wird sich davon ein befruchtender Einfluß senken. Es würde dann nicht blos ein Beherrschen der deutschen Sprache erzielt, vor allem würde im Schüler die wahre Selbsttätigkeit erzeugt, auf welche alle Erziehung doch hinausstrebt.

Sie haben mir freilich schon lange eingewendet, wo sind die Lehrer dies durchzuführen und wo die Schulen einen solchen Plan in die Wirklichkeit zu setzen? Gewiß, der ersteren gibt es nicht viele und der letzteren vielleicht nur einige. Allein dies hindert uns nicht am Aufstellen unsrer Forderungen. Zum Lehrer des Deutschen in unserm Lande genügt nicht eine notdürftige Kenntniß der deutschen Grammatik. Er muß zum Teil wenigstens in das Wesen der

Muttersprache eingedrungen sein, er muß unser Ideal innerlich erlebt haben und es mehr oder minder vollkommen darstellen. Und glücklicherweise hat die deutsche Lehrerbildung dies auch meistens geleistet, mag der einzelne Lehrer den Gang und die Geschichte des Deutschen auch nicht vollständig überschauen.

Was aber die Schule betrifft, warum sollte da amerikanischer Unternehmungsgeist nichts Neues leisten? Mit einem Teil der Kosten, die jährlich an eine Menge völlig nutzloser Institute allein in New York verschwendet werden, ließe sich leicht eine Musteranstalt errichten, deren bleibende Resultate ihr Bestehen rechtfertigten. Und welcher gebildete Deutsche, dem seine Muttersprache wie seine Kinder an's Herz gewachsen sind, würde das nicht von ganzer Seele wünschen?

IX.

Auch unsre deutsche Kirche würde gewinnen, wollte sie im angedeuteten Sinne die Muttersprache pflegen. Sie fürchte nicht durch Aufnahme eines andern Ideals ihrem behaglichen Neste ein Kukuksei beigefügt zu haben. Wie schade, daß sich mit dem ungebildeten Teil ihrer Vertreter darüber nicht reden läßt. Mit den Einsichtigeren würde ich mich folgendermaßen auseinandersetzen.

Es ist eine alte Klage, daß sich amerikanisches Kirchentum mit deutschem Geiste nicht verträgt und zwar um so weniger, je gebildeter der letztere ist. Ein Volk von selbstdenkenden und selbstempfindenden Menschen, wie wir es durch Geburt und Erziehung nun einmal sind, kann die Widersprüche unmöglich ertragen, die dort friedlich zusammenwohnen. Vermittlungsversuche sind darum auch meistens gescheitert und weil der gebildete Deutsche die Prediger seines Volkes meist auf englischen Pfaden findet, hält er sich von ihnen zurück. Es ist nur natürlich, daß ihm das von Fanatikern als Atheismus angerechnet wird. Wir Deutsche Atheisten! Ein Volk, das einen Luther, einen Schleiermacher, Klopstock, Lessing, Herder, Schiller und Göthe hervorgebracht hat, welch letztere nach K. Rosenkranz; seiner Bemerkung nicht blos die Religion, sondern auch das Christentum förderten und vertieften, sollte irreligiös sein!

Es handelt sich hierbei um tiefere Dinge als dem oberflächlichen Verstande einzusehen vergönnt sind. Denn wenn wir auch wol verstehen, wie sich die jetzige Kirche zum Zwecke der Selbsterhaltung hinter die Bekenntnisse flüchten muß, weil sie glaubt, mit leidenschaftlichen Beseelungsversuchen die abgestorbnen Formen wiederbeleben zu können, die einst das feste Knochengerüste ihres Organismus bildeten, so werden diese Experimente dem Gebildeten immer als eitel erscheinen. In allen Lagern, besonders auch in den denkenderen englischen Kreisen, regt sich ein Geist, der sich in alte Formen nicht mehr zwängen läßt. Gar Vieles empfindet man als überflüssigen Ballast, worüber man sich vor Jahrhunderten in heiligem Eifer noch die Schädel zerschlug, und doch ist unsre Zeit so reich an Werken der Liebe und Barmherzigkeit wie kaum eine andere Periode der Geschichte. Es versteht sich von selbst, daß dies zu Gährungen der verschiedensten Art führt. Daß es aber bei einem Volke, dem nicht blos tiefe Gedankenbildung, sondern, was hier die Hauptsache ist, das reiche, deutsche Gemüthsleben fehlt, in solcher Bewegung zu den häßlichsten Extremen kommen muß, ist nicht minder einleuchtend. Hier haben die Pfaffen des Glaubens und Unglaubens dann leichtes Spiel und auch Spielraums genug bei unsrer großen Freiheit. Mit Sehnsucht blicken die Edleren nach einem Ausweg in diesen Wirren und wo könnte sich dieser herrlicher zeigen als bei unserm Volke, das mit diesen Kämpfen und Zuckungen schon seit Jahrhunderten ringt, sie teilweise überwunden hat und nur des letzten gewaltigen Genius vielleicht noch harrt, der dem ganzen Volke den Weg weist, wie er den besten Geistern schon lang vor der Seele lag?

Die Stellung zu den Angelegenheiten des Glaubens wird und muß immer subjektiv bleiben. Auch wenn es der Zukunft gelingen sollte wieder eine annähernd objektive Norm zu schaffen: der Protestantismus wird ewig leben. Es liegt auf der Hand, von welcher Bedeutung bei solchem Stand der Dinge die Jugendbildung ist, welche die idealen Neigungen und Gesinnungen pflegen und pflanzen soll. Wir haben früher gesehen, wie es die deutsche Erziehung einzig hierauf abgesehen hat. Ihnen brauche ich nicht zu versichern, daß dies die Abrichtung zu irgend einem Bekenntniß nicht bedeutet. Bedenken wir aber, daß die Bildung des Empfindungsvermögens, die Entwicklung des idealen Sinnes, richtig verstanden mit der eigentlichen Kernforderung der Religion zusammentrifft, dann mag sich der einsichtige Vertreter der Kirche die also gebildete Jugend wol willkommen heißen. Und jenes allgemeine Ziel, nach welchem die Edleren sich lange sehnen, wie könnte es schöner erreicht werden, als auf unserm freien Boden und von unsern also Gebildeten? Ihnen lebte die Fähigkeit, den ewig wahren Inhalt jeder geschichtlichen Erscheinung zu erkennen, dem eignen Wesen einzufügen und in schöne Tat umzusetzen. Ein Teil des Ewigen, erfaßten sie das Ewige in jeder Erscheinung, die Hülsen vermessnen Menschenwahnes blieben liegen und hellen Auges schauten sie dem glücklichen Tag der Zukunft entgegen.

Doch das sind alles stille Ideen, die ich Ihnen lieber verschwiegen hätte, die dürre Verstandeskultur Deutschlands in der Gegenwart hat vielleicht gar kein Ohr für solche Dinge. Denn wie die Orthodoxen durch Einpauken der Bekenntnisse, so wähnen die „Freieren" durch den Vortrag moderner Kritik dem religiösen Leben in Schule und Volk aufzuhelfen. Vielleicht lehrt sie die Zeit noch, wie das Gemüt es allein vermag, hinter und über dem, was der Verstand zerrissen hat, eine umfassende Weltanschauung zu erbauen.

Kehre ich aber zu u n s r e r Kirche zurück, so glaube ich, könnte dieselbe weit praktischer wirken, wollte sie ihrem alten Berufe, Kulturbringerin zu sein, treu bleiben. Wie viele Mittelpunkte deutscher Kultur und deutschen Lebens könnten so geschaffen werden.

Und während die deutsche Kirche sich jetzt in kleinlichen Zwistigkeiten aufreibt oder nur still ihre geistlichen Zwecke verfolgt, wie könnte sie damit ihre Ziele ausweiten, ohne daß sie ihren Hauptberuf vergäße. Freilich müßte vor allem ihr Widerspruch gegen andre deutsche Bestrebungen fallen, denn auf dem Gebiete der Sprache muß Einigkeit herrschen, falls wirkliche Resultate erreicht werden sollen. Auch sie müßte das Streben fördern, zunächst einen Lehrerstand zu bilden, der fähig wäre, deutsche Bildung und deutsches Leben zu fördern und zu pflanzen.

X.

Fast ist's gefährlich, in unsrer geistesarmen Zeit vom Ideale zu sprechen: unsre geistigen Strolche, die am sogenannten Realismus ihr Mark vergeudet haben, lauern ihm auf und suchen es zu töten, weil es mit seinem Scheine ihre Armseligkeit bestrahlt. Sie jedoch, der Sie wissen, wie alles neue Leben des Geistes sich aus begeisterten Seelen erhoben hat, Sie werden die Bilder nicht verachten, die uns selige Stunden zu einstiger Verwirklichung geschenkt haben. Sie zürnen auch nicht, daß wir das Beste davon dem Marke des Vaterlandes entsogen. Sein Stamm ist noch kräftig genug, gar manche Schößlinge zu nähren; und warum sollte uns eine dankbare Rückwirkung auf die Heimath für immer versagt sein?

Doch arbeiten wir zunächst am eignen Auf- und Ausbau. Was nützen uns alle herrlichen Bilder, was frommt es, „auf freiem Grund mit freiem Volk zu stehn," so lange wir nur träumen und nicht handeln?

Es wird zunächst ein Kennzeichen für die Bildung und die Deutschheit unserer geistigen Führer sein, ob sie dem neuen Leben zum Ausdruck und Durchbruch verhelfen. Jeder wahre Deutsche trägt es ja in irgend einer Gestalt schon in sich; das geistige Gesindel aber, sowie die nationslosen Zwittergestalten werden so wie so daran scheitern. Und während wir es der eigensten Gesinnung des Einzelnen überlassen, das Neue zu ergreifen oder zu verwerfen, wird die eigentliche Arbeit der kleinen Schaar zufallen, die in sich den Beruf fühlt, das neue Ideal auszugestalten. Welches Glück, daß jedes Ideal auch die Flamme der Begeisterung zu zünden und nähren vermag, selbst dann, wenn, wie bei uns, die Verhältnisse sich zu verbünden scheinen, um alles geistige Streben niederzuhalten! Ja, um es deutlich auszusprechen: wir erwarten den Aufschwung unsres Geisteslebens zumeist auch von einer neuen eignen Literatur, welcher die Presse im angedeuteten Sinne vorzuarbeiten hat. Und gewiß, wir haben wol die Grundlage dafür, wie sie uns ein gestaltenreicher Weltstoff darbietet. Nur sei unserm Schaffen das jetzige Deutschland nicht Vorbild. Denn, Sie verzeihen wol das harte Urteil, Ihre Literatur ist von ihrem hohen Berufe abgefallen; es fällt schwer, an den schwächlichen Epigonen der Gegenwart die Söhne Göthes und Schillers zu erkennen. Ihre Dichter eilen dem Volke nicht mehr voran, kaum folgen sie ihm mühsam nach. Ihre meisten Lyriker gleichen den Orgelleuten des Jahrmarktes, die ihre alten Melodien immer wieder ableiern oder aus versteckten pessimistischen Gedankenwinkeln uns um unser

Mitleid anjammern. Ihre gelesensten Novellisten führen uns in die Rumpelkammern der Geschichte oder quälen uns mit abgeschmackten Problemen der Psychologie, die sie möglichst exakt, den Resultaten der jüngsten Forschung gemäß, zu lösen suchen. Von Ihrem Drama endlich lassen Sie mich nicht reden, herrscht doch über seinen Zustand selbst bei Ihnen ein trauervolles Schweigen. Mag es nun auch dem aufstrebenden Dichter der Heimat schwer werden, sich dem Zauberbann überlieferter Stoffe zu entziehen, so ist die Gefahr doch noch weit größer, die ihm eine fieberhafte Originalitätssucht bereitet. Und nicht ist's jene Originalität, welche Hegel ein für allemal definirt hat, nach welcher er strebt, es ist die kindische Sucht nach dem Neuen, die ihn beherrscht. Was aber will alles dies bedeuten, als daß Ihrem Dichtergeschlecht der Geist entflohen ist, ohne welchen an keine wahre Schöpfung zu denken ist. Der Quell ewig menschlichen, gewaltigen F ü h l e n s ist versiecht und wen möchte das wundern, wenn tausend Ursachen zusammenwirken, ihn trocken zu legen? Man ist nicht blos sorgsam bedacht, sich ja bei keiner Empfindung ertappen zu lassen, eine gewisse kritische Räuberbande sucht sie sogar förmlich auszurotten. Das matte Licht subjektiver Stimmung, welches die Dichter als Ersatz dafür über ihre Gestalten hauchen, vermag es nicht, ihnen wahres Leben zu verleihen. Ja dem Kennerauge werden die Larven dadurch noch unerträglicher, die eine kranke Reflexion geboren hat. Die deutsche Poesie ist fast ausschließlich Reflexionspoesie geworden, so sehr sie sich ihres Realismus auch brüsten mag. Nur die Reflexion kann auch eine krankhafte Sinnlichkeit erzeugen, wie sie sich in der Neuzeit blosstellt. Wo ist ein organisch stilvolles Schaffen, das nach Göthes Worten auf den Grundfesten der Erkenntniß ruht, wo jene keusche Kunst, welcher allein Unsterblichkeit verheißen ist?

Es wäre eitle Torheit, wollten wir uns am Anfang unsrer Entwicklung, vor wirklichen Leistungen, das zusprechen, was wir an den vaterländischen Schriftstellern vermissen. Ein Andres jedoch ist es, die Fehler unsrer Vorgänger uns klar zu machen, ehe wir ans Werk schreiten. Nur des Stoffes, nur unsrer Welt dürfen wir uns bescheiden und begeistert freuen. Von keinen Banden des Staates oder der Gesellschaft behindert, können sich die Anlagen unsrer Menschen an der Welt entwickeln; Verstand und Leidenschaft, Klugheit und Tapferkeit mögen hier in allen Abstufungen erscheinen. Und Alles gehört dem Dichter, der mit fester Hand nur hineinzugreifen braucht in dies volle Leben, um es, in seinem Busen wiedergeboren, der Mitwelt herrlich und erhebend vorzuhalten.

Warum aber sollte er uns fehlen, wenn erst in unsrer Jugend das deutsche Ideal lebendig zu werden beginnt? Noch schlummert der lebenschaffende Genius nicht, der so oft das deutsche Volk durchschritten hat. Und während wir des Mannes harren, auf dem er dreifach ruhen möge, darf ich Ihnen wol den Seufzer einer Seele mitteilen, der, ich weiß es, Tausenden meiner Volksgenossen gleich heiß schon entstiegen ist.

   Nahe dich, nahe dich, Genius, heiliger Geist!
     Ach! in diesem Wüstenland
     Lieg' ich allein hier mit tränendem Aug'
     Und sende heißquellende Seufzer zu Dir!
     Warum, ach, warum verhüllst du dich?
     Hat mir in treufrommer Brust
     Selig dein Bild nicht gejauchzt,
     Wenn am goldnen Frühlingsabend
     Auf glühenden Rosenwolken
     Du feurig geschwebt?
     In heiligem Sternenglanz du gedämmert?
     Oder zur Sturmnacht
     Auf wütendem Meer du gebrütet?
     Ach! was kann ich allein!
     Mein Volk, dein Volk kennt dich nicht mehr! —
     Kindischen Wilden gleich
     Jagen nach buntem Tand sie
     Und beten totes Gestein an. —
     Aber nahen muß sich dein Tag.
     Schon ahn' ich dämmerndes Morgenrot!
     Dann senkt Frühlingslicht golden
     Auf diese Gefilde sich nieder,
     Das bebende Herz ahnet dein Walten,
     Schaut dein Weben allüberall,

Lebet und schafft mit Dir!
Und die besten der Brüder,
Fern überm Meere,
Kommen sehnend gezogen
Zum Lande ewiger Freiheit!
Bleibe, weile, Begeisterung, heiliges Feuer!
Nahe dich, nahe dich, Genius, heiliger Geist.